Daniel el descortés

Escrito por Justine Fontes
Ilustrado por Charles Jordan

Children's Press®
Una división de Scholastic Inc.
Nueva York • Toronto • Londres • Auckland • Sydney
Ciudad de México • Nueva Delhi • Hong Kong
Danbury, Connecticut

A Timmy y a los otros chicos de la tienda de juguetes Dukenfields
—J.F.

A todos los chicos corteses
—C.J.

Consultores de lectura
Linda Cornwell
Especialista de lectura

Katharine A. Kane
Consultora de educación
(Jubilada, Oficina de Educación del Condado de San Diego y
de la Universidad Estatal de San Diego)

Traductora
Eida DelRisco

Información de Publicación de la Biblioteca del Congreso de los EE.UU.
Fontes, Justine
  [Rude Ralph. Spanish]
  Daniel, el descortés / escrito por Justine Fontes; ilustrado por Charles Jordan
    p. cm. – (A rookie reader español)
Resumen: Daniel, el descortés, aprende a ser amable sólo cuando comprueba que
nadie quiere jugar con él.
    ISBN 0-516-24444-2 (lib. bdg.)   0-516-24693-3 (pbk.)
  [1. Conducta-Ficción. 2. Etiqueta- Ficción. 3. Materiales en lengua española.] I. Jordan,
Charles, il. II. Título. II. Series.
PZ73 .F56 2004
[E]-dc22
                                                            2003016594

Mi amigo Daniel es descortés.

Daniel nunca espera su turno
en la fila.

Él nunca dice: "con permiso".

Él nunca dice: "lo siento".

Daniel nunca comparte con los demás.

Daniel nunca dice: "¿me permites?"

Lucas tropieza conmigo.
Me dice: "lo siento".

Lucas no me interrumpe.
Él espera su turno para hablar.

Lucas pregunta: "¿me permites?"
cuando él quiere que yo le preste algo.

Lucas comparte sus cosas.

Lucas dice: "gracias".

A veces Lucas me deja pasar primero.

Daniel quiere jugar con nosotros.
Yo le digo que prefiero jugar con
alguien que sea cortés.

27

Daniel dice: "yo puedo ser cortés".
Yo digo: "está bien".

Daniel ya no es descortés.
Él dice que prefiere tener amigos.

Lista de palabras (61 palabras)

a	digo	mi	ser
algo	él	no	siento
alguien	en	nosotros	su
amigo	es	nunca	sus
amigos	espera	para	tener
bien	está	pasar	tropieza
comparte	fila	permiso	turno
con	gracias	permites	veces
conmigo	hablar	prefiere	ya
cortés	interrumpe	prefiero	yo
cosas	jugar	pregunta	
cuando	la	preste	
Daniel	le	primero	
deja	lo	puedo	
demás	los	que	
descortés	Lucas	quiere	
dice	me	sea	

Acerca de la autora
Justine Fontes y su esposo, Ron, esperan escribir 1,001 libros para niños. Hasta ahora han escrito libros de cartón, biografías ¡y montones de cosas más!

Acerca del ilustrador
Charles Jordan vive en Pensilvania con su esposa y sus dos hijos, Charlie y Maggie.